www.tredition.de

AF186341

Leene Friedrich

Fly

Wie ich aufhörte zu laufen und zu fliegen lernte

www.tredition.de

© 2021 Leene Friedrich

Verlag und Druck:
tredition GmbH, Halenreie 40-44, 22359 Hamburg

ISBN
Paperback: 978-3-347-12059-4
Hardcover: 978-3-347-12060-0
e-Book: 978-3-347-12061-7

www.tredition.de

Inhalt

Für alle, die im Regen tanzen

Prolog

Von meinem ersten Mal

in stationärer Therapie

blieb mir allem voran

eines in Erinnerung

diese unendliche Erleichterung

nicht die Einzige

mit Problemen zu sein

Zu lange dachte ich

Ich wäre nicht normal

Ich bin damit allein

Ich muss es so schaffen

Das Wissen

Hilfe existiert

und ich habe sie verdient

war entlastend

Ich hoffe

mit den nächsten Seiten

gebe ich etwas

von dem Gefühl

weiter

Bevor ich davonlief

Durchhalten

Funktionieren

Nichts war wichtiger

Nichts hatte mehr Bedeutung

Perfekt sein

Perfekt wirken

Erwartungen erfüllen

Zeitplan einhalten

Es gab kein Ich

Es gab nur das Bild

was ich zu sein hatte

und ich lebte

um es zu erfüllen

Ich wusste

etwas war falsch

etwas fühlte sich nicht richtig an

Ich dachte

wenn ich meine Schule beende

wenn ich weit weg gehe

einen Neuanfang starte

dann verschwindet dieses Gefühl

Ich musste

nur noch etwas durchhalten

nur ein bisschen länger

dann hätte ich es geschafft

Ich erschuf

für mich

das Trugbild

die Lüge

mein Hier-Ich zu vergessen

wäre leicht

*I*ch brauchte lange

sehr lange

bis ich begriff

ein Problem zu haben

und selbst dann noch

bildete ich mir ein

davor davonlaufen zu können

Wenn ich nur weit genug wegzog

einen Neuanfang hatte

wo mich niemand kannte

würde alles besser werden

360 Kilometer weit

lief ich weg

bis ich begriff

vor einem Problem

im eigenen Kopf

kann man nicht davonlaufen.

360 Kilometer entfernt

Als ich mich entschied

weiterzulaufen

in eine fremde Umgebung

begann ein Kampf

den ich selten wagte einzugehen

Er war kräftezehrend

Er war unfair

von beiden Seiten

Und er zerbrach unveränderlich

einen kleinen Teil in mir

Er war es wert

Jede einzelne Sekunde

Jede Träne

Ich fand

am Ziel meiner Flucht

zum ersten Mal ein Zuhause

Ich verstand

was es hieß

zu vermissen

Und auch wenn

dieses Zuhause

nicht von Dauer war

Es gibt mir Hoffnung

dieses Gefühl erneut zu spüren

Irgendwann

Ich hatte erreicht

was ich zu glauben brauchte

Mein Wunsch

Frei zu bestimmen

Unabhängig zu sein

Mich neu zu erfinden

ohne die Vergangenheit

Ein neues Ich

ohne Vorurteile zu erschaffen

Und so begann ich mein Leben

360 Kilometer entfernt

Ich zog um

Meine eigenen 20 Quadratmeter

Wir waren zu dritt

Alle neu

Uns unbekannt

Motiviert zu studieren

in unserer ersten WG

Erschufen uns einen Haushalt

mit Regeln

mit Aufgaben

mit kleinen Ritualen

Wir saßen öfter zusammen

aßen gemeinsam

obwohl jeder für sich gekocht hatte

und begannen den ersten Tag miteinander

Ich fand Freunde

Wir kamen uns näher

Es gab Missverständnisse

Doch letztendlich

bildeten wir eine neue Familie

Doch

meine Ideale verließen nie meinen Kopf

Sie schlichen sich ein

in mein Handeln

auch dort

Meine Kommilitonen

verstärkten es nur

Ich wollte nicht zurückbleiben

passte mich an

sehr zur Freude der Gedanken

Meine Ängste

machten mir das Handeln schwer

Umstände bewirkten

meinen Ausschluss am Anfang

bei meinen Freunden

Sah nur zu

ohne eingeladen zu werden

Gefühle wurden zu viel

Zu viel Neues

Zu viel Veränderung

Zu viel Überforderung

und gleichzeitig der Wunsch

Endlich das Ideal zu erreichen

Endlich perfekt zu sein

Ich bin gelaufen

so schnell ich konnte

in der Hoffnung

wenn ich nur schnell genug renne

fällt alles von mir ab

Dann verschwinden die Gedanken

Dann verschwinden die Gewohnheiten

Dann verschwinden die Probleme

Wenn ich doch nur etwas schneller renne

nur noch etwas schneller

wenn ich einfach nicht stehenbleibe

dann holen sie mich niemals ein

Ich begriff erst über ein Jahr später

Ich kann nicht davonlaufen

Ich trug all das bei mir

In mir

Es konnte gar nicht verschwinden

Ein Teil von mir wünscht

ich wäre noch immer dort

auch wenn die Logik

dem widerspricht

Der Teil sagt mir

Ich habe es zerstört

und wahrscheinlich hat er Recht

Doch gleichzeitig

habe ich mich gerettet

Es war schön

und schrecklich

zu gleich

Ich lebte mehr

als je zuvor

Ich flog nie so hoch

und ich fiel nie so tief

wie in dieser Zeit

Ich bin auf dem Meer

Sehe um mich

nichts als Wasser

Ein großes endloses Grau-Blau

Der Himmel ist leer

zu weit weg ist dieser Ort

als das ein Vogel sich verirrt

Nur ich bin hier

Einst malte ich mein Boot

als Segelschiff hier draußen

Abhängig

von den launischen Winden

Es bekam ein Steuerrad

etwas Kontrolle

die ich hatte

Die See um mich

ist gleich geblieben

Nimmt mehr als zu geben

Bei jedem Sturm

ein Stückchen mehr

Mein Schiff und ich

kämpfen schon lange

diese Schlachten

Sie fordern Tribute

immer mehr und mehr

Das Steuerrad ist schon lang zerbrochen

im letzten Sturm vom Meer verschluckt

Risse zieren das Segel

und Wasser fließt durchs Leck am Bug

Ich glaubte Kontrolle zu haben

Sie wurde fortgerissen

aus meinen nun leeren Händen

Mein Versuch mich zu retten

Ich erzählte meinen Eltern davon

Der erste Schritt

Ich erzählte ihnen

mir geht es schlecht

und dann

dann schrieb ich meine Klausuren

Idiotisch

wenn man es

im Nachhinein betrachtet

Doch ich brauchte es

brauchte es für mein Gefühl

und für meine Gedanken

um weiter den Glauben

in ein paar Wochen wieder hier zu sein

am Leben halten zu können

Wie man sich denken kann

bin ich nicht zurückgekehrt

Obwohl

das wäre nicht die ganze Wahrheit

Ich bin zurückgekehrt

später

anders als geplant

und leider nicht auf Dauer

Aber ich kam zurück

Mit meinem Versuch

mich zu retten

gab ich etwas auf

was lange Zeit

höchste Priorität hatte:

Den Wunsch

keine Belastung zu sein

Und zum Teil auch

die Vorstellung

es alleine zu schaffen

Ich wollte mich retten

Auf meine Weise

Auf meine Zeitplan Weise

Getaktet

wann ich wieder zu funktionieren hatte

Ach

wäre es nicht schön

sich nach Zeitplan wieder gesund zu kriegen

Mein Therapeut

der erste

war keine Hilfe

Er war zu überfordert

zu wenig Fachwissen

zu wenig gut

Doch obwohl er

nicht wirklich Hilfe war

lernte ich auf andere Weise

Ich lernte

mein Zeitplan war zu knapp

Ich lernte

mich weniger allein zu fühlen

Ich lernte

es gibt Menschen

die bereit waren mehr zu hören

als das was man hören möchte

Und ich lernte

zu Atmen

und nur für einen kurzen Moment

Pause zu machen

mir Kraft zu geben

Kraft um weiter zu kämpfen

Kraft um neue Wege zu finden

Ich wurde besser im Verstehen

im Anerkennen der Schwierigkeiten

Nicht gut

Ich hing wohl sehr am Leugnen

aber besser

Man gab mir Namen

für meine Probleme

Sie ändern nichts Großes

doch sie halfen mir

mich selbst anders zu betrachten

und mich ein Stück weniger

zu hassen

Man schickte mich weiter

stationär

Ich war zunächst

sehr irritiert über den Vorschlag

die Empfehlung

War ich krank genug

für einen längeren Aufenthalt?

Ich hatte doch kaum was

oder?

Ich war nervös

Was würde passieren

Wie lief das ab

Alles unbekannt

die Mitpatienten

die Therapeuten

die Pfleger

die neuen Leute

die neue Umgebung

Sie machten mir Angst

Ich fürchtete

ausgeschlossen zu werden

nicht dazuzugehören

Meine Lösung

Ich versuchte es gar nicht

denn wenn man nichts versucht

wird man nicht enttäuscht

Eine Mitpatientin sagte später

man sah mich oft tagelang nicht

Ich hatte es wohl perfektioniert

Das Verschwinden

Mein neuer Therapeut

war gut

Es war schwierig

wir zwei

Mich zerfraß der Scham

Mich zerfraß die Schuld

Doch ich schaffte es zum Teil

mich zu öffnen

und ich schaffte mehr

als man von mir erwartete

Ich kann es verstehen

dass sie es dennoch verlangten

im Nachhinein

So viel akut

So viel problematisch

So viel gefährlich

Mehr als ich es sah

Weil es normal wurde

für mich

Ich bekam einen Vertrag

Oh, wie habe ich ihn gehasst

Oh, wie habe ich ihn verteufelt

Dabei sollte er mir helfen

doch das sah ich nicht

Ich überschritt die Grenzen

und flog fast raus

Man gab mir ein paar Tage

Tage um Nachzudenken

warum es sinnvoll wäre zu bleiben

Und ich schaffte es

schaffte es zu argumentieren

schaffte es zu kämpfen

Ironischerweise

war es einer der schönsten Momente

meiner Klinikzeit

Einer der wichtigsten ja

aber auch einer der schönsten

Nach dem Gespräch

kamen meine Freunde nach und nach zu mir

alle in mein Zimmer

Sie wussten die Uhrzeit

und freuten sich mit mir

umarmten mich

wegen meines Erfolges

In diesem Moment

begriff ich wirklich

Ich werde gemocht

und auch vermisst

Es war krisenreich

auch danach

nach dem Gespräch

so ungern ich das zugebe

Ich wäre lieber stabiler gewesen

statt jemand der Aufmerksamkeit

auf sich zieht

*J*e länger ich da blieb

desto mehr füllte sich mein Zimmer

mit Erinnerungen

Menschen, die gingen

weil ihre Zeit vorbei war

gaben mir Dinge

zum Abschied

genauso wie ich ihnen

Je länger ich da blieb

desto mehr wusste ich

ich war nicht allein

und würde es auch nie sein

Ich habe bei diesem Aufenthalt

einige der besten Menschen

meines Lebens kennengelernt

Menschen

die mich gesehen haben

Die mich gesehen haben

bei meinen Tiefpunkten

Die mich schreien und weinen

und im viel zu kalten Fluss baden gesehen haben

und die sich zu mir gesellt haben

die ohne die richtigen Worte finden zu müssen

einfach da waren

Die sich nicht abgewendet haben

die da waren

für die ich da war

Die mir gezeigt haben

dass man mich lieben kann

trotz dieser Zustände

Die mich lieben gelernt haben

auf ein Weise

die ich bisher nicht kannte

Es ist verwunderlich

wie Krankheiten

die unterschiedlichsten Leute

an einem Ort zusammenführen

Menschen

kaum unterschiedlicher

sollte die Gruppe

ein Außenstehender betrachten

Unterschiede

in Alter und Herkunft

in Berufen und Geschichte

in Problemen und Aussehen

Und trotzdem gemeinsam

unter einem Dach

Dennoch kann ich sagen

trotz der Unterschiede

gab es da dieses Verständnis

diese Akzeptanz

und den Wunsch einander

und wenn auch nur das kleinste bisschen

zu unterstützen

Ich traf nicht nur gute Menschen

Ich traf Belastende

zu gefangen in der Krankheit

um etwas anderes zu sein als sie

Ich traf Manipulierende

die sich als Ziel setzten

deine Grenze zu überschreiten

Ich traf Lügende

die durch ihre Geschichten

sich und anderen schadeten

Ich traf Aufdringliche

die nicht verschwanden

und Angst verursachten

Ich traf Klauende

und konnte nie verstehen

warum

Ich traf Verurteilende

die noch nicht bereit waren

vieles zu verstehen

was anders war

als das was sie kannten

Vieles davon

waren Teile ihrer Krankheiten

manches war Unwissenheit

einiges alte Verhaltensmuster

Man trifft nie nur gute Menschen

aber ich kann sagen

Ich traf bunte Menschen

Ich führte Gespräche

die ich sonst kaum gehabt hätte

Auf meine Art

sah ich so

einen Teil von der Welt

mit ihren Facetten

Die Rückkehr zu dem Ort, wo ich meine Zukunft zu finden glaubte

Ich hatte die letzten Monate

damit verbracht

mich an die Vorstellung zu klammern

zurückzukehren

Ich hatte Pläne gemacht

Alles geregelt

Meine Zeit verplant

ohne bereits da zu sein

Diese Vorstellung

dieser Wunsch

es endlich hinzubekommen

weiterzumachen wo ich aufhörte

war mein Halt

und mein Ziel

Während meiner Zeit stationär

als alles im Umbruch war

so vieles unsicher

und ich mir eingestehen musste

krank zu sein

- Ein Loch in meinem Weltbild -

brauchte ich eine Konstante

Dieser Ort

war meine Konstante

In meiner Vorstellung

hatte ich ihn glorifiziert

hatte die Schwierigkeiten verdrängt

hatte vergessen

welche Fehler ich machte

Er war meine Hoffnung

meine Sicherheit

Als alles sich änderte

war er da

Da weiterzumachen

wo ich aufgehört hatte

Ich war lange weg

acht ganze Monate lang

Zu glauben

es würde wie früher

ich könnte einfach anknüpfen

war zum Scheitern verurteilt

Ich hatte mich verändert

meine Freunde auch

Acht Monate

ist eine lange Zeit

Acht Monate

haben uns verändert

Kein Wunsch der Welt

konnte an dieser Tatsache etwas ändern

Ich fiel zurück

in alte Muster

in alte Denkweisen

weil mich Scham und Schuld zerfraßen

Ich machte nicht genug

sagten mir alle Seiten

Deswegen machte ich mehr

Ich wollte ihnen zeigen

ich war nicht faul

ich gehöre noch immer dazu

lasst mich nicht zurück

Ich passte nicht mehr rein

noch weniger als zuvor

Diesmal fiel es auf

war offensichtlicher

Die Gemeinsamkeiten waren weg

Sie kamen voran

und ich schien stehen geblieben zu sein

Es war immer schwieriger

meine Wunschvorstellung zu behalten

denn sie trat nicht ein

Stattdessen

sah ich nur was fehlte

sah die Veränderung

und konnte nicht aufhören zu vergleichen

Dieser Vergleich

schnitt nie besser ab

Nicht ein einziges Mal

Ich schwieg

lange über die auftretenden Schwierigkeiten

Ich schwieg

weil ich Angst hatte

man würde mir meinen Ort wegnehmen

Ich schwieg

weil ich nicht schwach wirken wollte

Ich schwieg

zu lange

Ich fiel wieder

Und ich wollte es nicht sehen

Wollte aufstehen

weitermachen

weiterlaufen

doch meine Füße waren zementiert

Ich fiel wieder

auch wenn ich es noch so stark versuchte

wenn ich noch so oft weitermachte

wenn ich die Tiefschläge überstand

und nicht aufgab

Ich fiel wieder

und bildete mir ein zu stehen

Manchmal

hat man es nicht in der Hand

Manchmal

kann man etwas so sehr wollen

ohne es zu erreichen

Ich vergaß eines

bei meinem Kampf

Ich war krank

nicht willensschwach

nicht faul

nicht schlecht organisiert

Ich bin krank

und diese Krankheit beeinflusst

meinen Körper und meinen Kopf

Und manchmal

kann man etwas noch so sehr wollen

sich so sehr danach sehnen

dass man alles geben würde

einfach alles

und man schafft es nicht

Man schafft es nicht

weil man krank ist

und keinen Einfluss darauf hat

Ich verschloss die Augen

Ich wollte es nicht sehen

Ich konnte nicht versagen

Noch eine Chance

würde ich nicht bekommen

Meine Pause

war lang genug

Warum reichte es nicht?

Warum reichte ich nicht?

Ich fiel

immer weiter und weiter

und schaffte es gleichzeitig

immer weniger

nach oben

Oft sehe ich ihn da sitzen

den Tod

Seine dünne Gestalt

versinkend in einem zu großen Mantel

Das Gesicht verborgen

in der Dunkelheit, die ihn umhüllt

Ganz bar so ohne Sense

nur stumm und schwarz

fast wie ein Toter

Kein Atemzug bewegt sein Haupt

Keine Muskeln verlangen nach Strecken

Ich weiß kein Herz schlägt dort

in seiner Brust

und doch seh´ ich ihn sitzen

Kommt er näher blick ich fragend hin

doch stumm bleibt er mir Antwort schuldig

Nie spricht er, Sätze, Worte, nichts

und hüllt sich so in Schweigen

Streckt er die Hand wie bittend aus

seh ich nur betrachtend zu ihm rüber

auf Knochen weiß wie Elfenbein

die sich sanft entblößen

Doch berühren, berühren tut er nie

sitzt nur da und wartet

ob die Sehnsucht, die ich spür

mich zum letzten Schritt verleitet

Sieht er nicht wie schwankend

mein letztes Schiff schon ist

Noch immer nicht verankert

doch ertrunken lange nicht

Es treibt dort auf den Wellen

mal taumelnd mal gewiss

manch Sturm will es oft kentern

doch schafft es bis jetzt nicht

Kein Segel stramm am Masten

so lang die Richtung fehlt

es treibt nur immer weiter

während´s sich oben hält

So sehe ich ihn sitzen

am Tag oft stundenlang

Er wird noch lange warten

so lange ich noch kann

denn so lange ich noch krieche

steht die Entscheidung aus

doch ich weiß er wird noch bleiben

ich stehe noch nicht auf

Ach Tod, ich bin zufrieden

solang´ dieses Gleichnis herrscht

Du lässt mich noch probieren

obwohl es mich so schmerzt

Deine Lösung ist zu einfach

das weißt du ganz genau

ungern lässt du mich zwar leiden

denn Kampf doch lässt du mir

Er weiß für dieses Ende

erwart´ ich mehr von mir

Akzeptanz...?

Meine Entscheidung

erneut diesen Ort zu verlassen

passierte nicht mit Pauken und Trompeten

Ich hatte eine Grenze überschritten

und brauchte Hilfe

Meine Wahl war verschwunden

Und so ging ich

still und heimlich

zu fertig für einen Abschied

der in meinem Kopf noch immer

ein „Auf Wiedersehen" war

Und so ging ich

und verschwand erneut

aus dem Ort

den ich Heimat nannte

Ich sprach erneut

meinen alten Therapeuten

schämte mich abgrundtief

bei dem Wiedersehen

in so einer Verfassung zu sein

Wie gerne

hätte ich Positives berichtet

könnte erzählen

Ich habe es geschafft

die Arbeit, die du dir gemacht hast

sie war nicht umsonst

Rückblickend kann ich sagen

ja die Arbeit war nicht umsonst

Sie hat mir geholfen

in schweren Momenten

und vor allem in diesem Einen

wo es an mir lag

ob ich erneut Hilfe annahm

Ich ging in eine andere Klinik

zu instabil für die alte

Die Aufnahme war spontan

Bei mir

trug ich nur eine Jacke

Und auf einmal

hatte ich schon ein Bett

bekam einen Plan

hatte ein Gespräch

Alles

durch einen verlegten Schlüssel

und einem Telefonat

aus übrig gebliebener Zeit

Es war Dezember

kurz vor Weihnachten

Ich war wieder in der Klinik

Diese Entscheidung

fühlte sich nicht an

wie nach oben klettern

eher

nach weiter fallen

Ich fiel wirklich weiter

weil ich keinen Grund fand

wieder aufzustehen

Ich dachte

ich hätte verloren

hatte wieder versagt

meinen Ort verloren

Wofür

sollte ich jetzt kämpfen

Wofür

es immer wieder versuchen

wenn doch langsam nichts mehr blieb

für das es sich lohnte

Klinik

bedeutete neue Umgebung

Auch wenn es das zweite Mal war

machte es mir Angst

Fremde Menschen

so viel Neues

so viel Veränderung

Meine Ängste

sie schränkten mich ein

flüsterten mir Gemeinheiten zu

machten den Gang in den Speisesaal

zur Hölle

Zum Glück

war ich nicht die Einzige

die sich alleine fühlte

So wurden wir ein Trio

passten aufeinander auf

machten Weihnachten

Silvester

zu einem Erlebnis

auf eigene Weise

Es war eine Gruppe

irgendwann

Sie wuchs und schrumpfte zugleich

denn wir alle gingen weiter

in unsere Richtungen

Wir hielten Kontakt

der Großteil von uns

mal häufiger mal selten

Dennoch

seit diesem ersten Moment

fühlte ich mich nie mehr alleine

Klinik

heißt nicht automatisch bergauf

Es ist kein Erholungsurlaub

Es gibt keine Wunderpille

Es ist nicht dieser eine Rat

und dann ist alles wieder gut

Wie bei einem komplizierten Bruch

braucht man Zeit zum Heilen

Auch so war meine Klinikzeit

ein Auf und Ab

Gefühle, Gedanken

es ist anstrengend

es ist Arbeit

man hofft und verzweifelt zugleich

aber man ist nicht alleine

man hat Unterstützung

Dafür ist man dort

Ein Teil von mir

hätte gerne Aufgegeben

hätte gerne Ruhe gehabt

so ungern ich es zugebe

Doch ich kämpfte

Für das kurze Lachen

mit Freunden

Für den Versuch

an jedem neuen Tag

Für ein kleines bisschen Hoffnung

das nicht starb

Ich hätte gerne Aufgegeben

Ich tat es fast

doch ich hatte Hilfe

Hilfe, um zu überstehen

was sich untragbar anfühlte

und ich bin froh

das ich nicht aufgab

Ich wechselte die Station

Spezialisierter

Die Therapie half

Neue Denkweisen

Andere Wege

Mehr Verständnis

von mir

für mich

Sie nahm mir nicht meine Probleme

sondern gab mir Werkzeuge

Werkzeuge

zum Vorbeugen

zum Bewältigen

zum Akzeptieren

zum Aushalten

Sie nahm mir nicht meine Probleme

aber sie machte das Leben mit ihnen

ein Stück

leichter

In dieser Zeit

traf ich eine Entscheidung

eine der schwersten meines Lebens

Ich gab meine Heimat auf

Ich gab sie auf

weil es das Beste war

Etwas Richtiges zu tun

heißt nicht

dass es sich auch richtig anfühlt

Denn das tat es nicht

und dennoch

würde ich es wieder tun

Rückkehr

hieße ständiges Vergleichen

Rückkehr

hieße sehen

was ich verpasse

Rückkehr

hieße Rückfall

Ich war nicht stabil genug

nicht für ein Vollzeitstudium

Hierbleiben

heißt beständige Kontakte

Hierbleiben

heißt therapeutische Anbindungen

Hierbleiben

heißt langsamer werden

Zeit nehmen

zum Heilen

Aber

Hierbleiben

heißt auch Verlust

und ich verlor viel

aber nicht mich

und das heißt

Es geht weiter

Danach

*I*ch laufe noch immer

und vermutlich

werde ich auch noch eine ganze Weile

weiterlaufen

Doch ich laufe nicht mehr alleine

Ich habe Freunde

Die mich bremsen

sollte ich mich

auf dem Weg verlieren

Die mir hochhelfen

sollte ich stolpern

Die mich stützen

wenn meine Beine

mir den Dienst versagen

Und ich laufe nicht mehr davon

Ich nehme mich mit

an den meisten Tagen

Es gibt noch immer Momente

wo ich gerne jemand anderes wär

mir wünsche

mein Jetziges-Ich würde verschwinden

Doch ich versuche mich

bei jedem einzelnen Schritt zu erinnern

dass ich gemocht werde

für mich

nicht für diejenige, die ich wünsche zu sein

Ich hoffe

irgendwann höre ich auf

zu laufen

und finde einen Ort

wo eine Pause in Ordnung scheint

Immer in Bewegung zu sein

ist ermüdend

Ich laufe noch immer

und vermutlich

werde ich auch noch eine ganze Weile

weiterlaufen

Doch ich weiß jetzt

Ich kann es schaffen

Das Danach

war nicht leicht

ist nicht leicht

Ich bin nicht unbelastet

bringe mit mir

meine Erinnerungen

Doch diesmal

wusste ich was falsch lief

dort

in meinem Ort

Konnte aus meinen Fehlern lernen

Es läuft nicht immer gut

Ich mache neue Fehler

Ich bin noch immer krank

An manchen Tagen

ist es leicht

nach vorne zu sehen

Sie sind so einfach

das man fast die Existenz

von anderen vergisst

Die meisten Tage

sind grau

in den unterschiedlichsten Schattierungen

Man kämpft

Man scheitert

Man steht wieder auf

Man gewinnt

Jeder Tag anders

Keiner gleich

Andere Tage

sind schwarz

Sie kommen

mal selten

mal häufig

in mein Leben

Meine Hoffnung

rinnt mir dann wie Wasser

zwischen meinen Fingern hinfort

Es ist schwer

nach vorne zu sehen

Doch ich tue es

und ein kleines bisschen

bin ich darauf stolz

Mein Kampf

ist noch nicht vorbei

noch lange nicht

Der Weg vor mir

ist noch lang

doch er führt

in meine Zukunft

So oft ich auch fiel

ich lernte auch

wieder zu träumen

Epilog

Ich brauche keinen Sonnenschein

zum Tanzen

Mir reicht der Regen

Mein Körper in Bewegung

Die Musik in meinen Ohren

Dieses Gefühl in der Brust

Wozu also

warten?

Danksagung

Ich möchte mich bei vielen Menschen bedanken. Vor allem all jenen, die ich auf meinem Weg in den letzten zwei Jahren getroffen habe. Die mir, unabhängig von der Länge des Kontaktes, auf ihre Weise ein kleines Stück geholfen haben.

Danke, dass ihr da wart.

Danke, dass ich euch kennenlernen durfte.

Einige von Personen möchte ich im Folgenden nochmal besonders danken. Ihr habt so viel mehr verdient, als ich es jemals mit Worten auszudrücken vermag.

Johanna, Maj – Danke, dass ihr immer ein offenes Ohr habt und mir das Gefühl gebt nicht verrückt zu sein, sondern verstanden zu werden. Eure Freundschaft ist mir wichtiger, als ich je dachte, etwas haben können. Ich hab euch lieb!

Felix – Danke, fürs nicht alleine lassen. Du erinnerst mich immer wieder an das Gefühl, dass alles doch nicht so unmöglich ist, wie es zu sein scheint.

Lisa, Martina – Danke, dass ihr mich nie vergessen lassen habt, wofür es sich zu kämpfen lohnt.

Marie – Danke, dass ich durch dich nie Liebe zu Büchern vergessen habe.

Telefonseelsorge

Anonyme, kostenlose Beratung zu jeder Tages- und Nachtzeit

0800 - 1110111 oder 0800 - 1110222

Kinder- und Jugendtelefon „Nummer gegen Kummer"

Kostenlose Beratung Mo bis Fr 15.00 - 19.00 Uhr

0800 - 111 0 333

Hilfetelefon Gewalt gegen Frauen

Rund um die Uhr erreichbar

08000 116 016

In akuten Situationen, wo ein hohes Risiko zur Selbst- und/oder Fremdgefährdung besteht:

- o Kontakt zum Hausarzt aufnehmen oder am Wochenende zur ärztlichen Rufbereitschaft; bundesweit Tel. 116 117
- o Sich zur nächsten psychiatrischen oder psychosomatischen Klinik begeben und dort mit einem Arzt sprechen
- o Den Notruf wählen

Quelle: Psyche-Portal | Therapeut-Coach.de

MIX

Papier | Fördert
gute Waldnutzung

FSC® C083411

Zeitfracht Medien GmbH
Ferdinand-Jühlke-Straße 7
99095 Erfurt, Deutschland
produktsicherheit@kolibri360.de